IJS 서울대학교 일본연구소
Reading Japan 27

학습만화가 그리는
인간과 '세계'

아키 레이지秋玲二의 〈공부만화勉強漫画〉를 사례로

저 자 : 야마나카 치에(山中千恵)
역 자 : 김효진

Publishing Company

본 저서는 정부(교육과학기술부)의 재원으로 한국연구재단의 지원을 받아 출판되었음(NRF-2008-362-B00006).

서울대학교 Reading Japan 27

책을 내면서

　서울대 일본연구소는 국내외 저명한 연구자와 다양한 분야의 전문가를 초청하여 각종 강연회와 연구회를 개최하고 있습니다. 〈리딩재팬〉은 그 성과를 정리하고 기록한 시리즈입니다.

　〈리딩재팬〉은 현대 일본의 정치, 외교, 경영, 경제, 역사, 사회, 문화 등에 걸친 현재적 쟁점들을 글로벌한 문제의식 속에서 알기 쉽게 풀어내고자 노력합니다. 일본 연구의 다양한 주제를 확산시키고, 사회적 소통을 넓혀 나가는 자리에 〈리딩재팬〉이 함께하겠습니다.

서울대학교 Reading Japan 27

차 례

| 책을 내면서 | ──────────────── 3

| 학습만화가 그리는 인간과 '세계' |
아키 레이지의 〈공부만화〉를 사례로 ──────── 7

1. 일본의 학습만화를 소개하며   9
2. 왜 학습만화에 주목하는가   13
3. 만화표현법의 생성과 전쟁   24
4. 아키 레이지(秋玲二)의 〈공부만화(勉強マンガ)〉   46
5. 나가며   72

| 참고문헌 | ─────────────────── 75

서울대학교 일본연구소
Reading Japan 27

학습만화가
그리는
인간과 '세계'

아키 레이지의 〈공부만화〉를 사례로

— 야마나카 치에(山中千惠)

1. 일본의 학습만화를 소개하며

일본에서 대학과 연구기관, 뮤지엄 등에서 만화를 연구대상으로 선택하는 것은 이제 그리 드물지 않다. 『2017년 출판지표연보(出版指標年報)』에 따르면 출판물 전체의 시장규모는 종이 매체가 1조 4709억엔, 전자출판이 1909억엔으로 합계 1조 6618억엔이었다. 그 중에서 만화단행본과 만화잡지를 합한 만화의 출판시장은 종이 매체가 2963억엔, 전자매체가 1491억엔으로 합계 4454억엔이다. 만화는 출판시장의 1/4를 점하고 있는 셈이다. 일본사회와 문화를 생각할 때 압도적인 시장규모를 자랑하고 다양한 파생물을 낳는 이 출판물을 무시할 수는 없다.

만화의 표현, 이야기구조, 만화문화를 성립시킨 경제기반으로서의 출판문화, 팬문화, 미디어믹스와 미디어 컨버전스(convergence)의 양상이 사회학, 문학, 영화학, 예술학, 교육학 등의 분야에서 논의되고 있다. 2000년대에 들어와서 만화학이라는 영역도 탄생했다. 일본정부는 '쿨재팬(Cool Japan)' 정책을 내세워 애니메이션과 만화를 소프트 파워(soft power)로서 이용하려고 생각하고 있는데, 이런 일본의 대중문화 정책에 대한 연구도 있다.

해외의 일본관련 연구에서도 만화와 애니메를 다루는 연구가 등장하여 일본에서 번역되고 있다. 예를 들어 오리엔탈리즘적 시점이 들어있다는 비판도 있지만 수잔 네피어(Susan Jollife Napier)의 『현대 일본의 애니메 - 아키라부터 센과 치히로의 행방불명까지(現代日本のアニメ―AKIRAから千と千尋の神隠しまで)』〈한국번역명: 아니메 - 인문학으로 읽는 재패니메이션, 루비박스, 2005〉〈츄오코론신샤(中央公論新社), 2002, *Anime from Akira to Princess Mononoke: Experiencing Contemporary Japanese Animation,* Palgrave, 2001〉는 애니메이션 작품의 이야기분석을 통해 전후일본의 사회공간을 논한다. 또 앤 앨리슨(Anne Allison)은 『국화와 포켓몬-글로벌화하는 일본의 문화력(菊とポケモン―グローバル化する日本の文化力―)』(신쵸샤(新潮社), 2010, *Millenial Monsters: Japanese Toys and the Global Imagination,* Univ. of California Press, 2006)

에서 일본의 대중문화콘텐츠가 어떻게 북미사회에 수용되었는가를 논했다. 나아가 토마스 라마(Thomas La marre)는 『애니메 머신—글로벌 미디어로서 일본애니메이션(アニメ・マシーン―グローバル・メディアとしての日本アニメーション)』(나고야대학출판회(名古屋大学出版会), 2013, *The Anime Machine: A Media Theory of Animation*, Univ. of Minnesota Press, 2009)에서 애니메이션의 물질성과 고유성에 주목하여 그것들이 어떻게 예술성 및 표현과 연결되어 세계적인 확산의 기반을 형성하고 있는가를 다루었다.

특히 최근의 연구는 만화 텍스트 중에서 그대로 '이미지로서의 일본과 일본사회'를 읽어내는 것이 아니라 라마의 연구처럼 텍스트를 운반하는 미디어의 물질성을 고려하여 만화미디어 고유의 표현에 접근함으로써 대상 미디어와 일본사회의 관계를 복합적으로 그려내려는 것이 많다. 미디어 고유의 표현방법이 일본사회의 문맥에서 어떻게 형성되어 성립하였는가, 현재 어떻게 기능하고 있는가를 묻는 것이다.

연구조류로서 미디어 고유의 표현법에 대해 주목하는 것은 시각 미디어와 더불어 다양한 미디어에 대한 리터러시(literacy)가 요구되는 상황과 연결되어 있다.

현대의 일상생활에는 활자 미디어뿐만 아니라 시각적 미디어와 청각적인 미디어를 통해서 얻는 정보가 넘쳐난다.

페이크 뉴스(fake news, 가짜뉴스)와 역사수정주의적인 논의는 문자정보뿐만 아니라 영상, 만화 등의 시각적 미디어를 통해 퍼진다. 메시지 내용에 대해 논의하기 위해서는 각 미디어에서 특징적인 표현법을 이해할 필요가 있다. A라는 사실이 있다면, 그것이 활자로 설명되는가, 영상으로 제시되는가, 만화로 표현되는가에 따라서 기술의 방법은 크게 달라진다. 이 기술의 방법, 여기에서 말하는 '미디어 고유의 표현법'을 이해하지 않으면 그 미디어가 지닌 특성의 범주 안에서 A라는 사실을 얼마나 "정확"하게 묘사하고 있는가를 평가할 수 없고, 공통의 이해를 성립시킨 위에서 논의할 수도 없다.

이상과 같은 문맥을 바탕으로 하여 이 책은 만화라는 미디어 '고유의 표현방법', 그 중에서도 그것과 구분되는 학습만화에 특징적인 표현방법과 그 가능성에 대해 논한다.

1장에서는 수많은 만화와 장르 중에서 왜 학습만화를 다루는가를 설명한다. 학습해야할 "사실"을 기술하여 설명하려고 하는 만화표현을 다루는 이 책의 목적을 확인한다. 이어지는 2장에서는 1930년대부터 종전 후에 걸쳐서 픽션 이야기를 그리기 위한 만화표현방법이 성립하는 과정에 대해 선행연구인 만화표현론의 논의를 인용하면서 개관한다. 픽션을 위해 다듬어진 만화표현법이 인간의 외부에 나타나는 것 같은, 역사와 자연 등의 '세계'를 제대로 그려내지 못한다는 한

계가 있다는 점을 지적한다.

3장에서는 1930년대부터 전후에 걸쳐 학습을 목적으로 하는 만화를 다수 발표한 아키 레이지라는 작가에 주목한다. 그가 그린 〈공부만화〉 시리즈의 캐릭터조형과 표현을 분석하여 "사실"을 기술하고 설명하고자 하는 만화표현이 어떠한 모습으로 나타나는가를 제시한다. 여기에서 2장에서 확인한 픽션 이야기를 그리기 위한 만화표현법과는 다른 방식으로 '세계'를 표현하는 방법을 볼 수 있을 것이다.

2. 왜 학습만화에 주목하는가

1) 살면서 반드시 만나는 만화인 학습만화

'일본의 만화'로서 떠오르는 것은 소위 슈에이샤(集英社)의 『주간소년점프(週刊少年ジャンプ)』에 연재될만한 소년만화(「드래곤볼(ドラゴンボール)」, 「슬램덩크(スラム・ダンク)」), 또는 소녀만화(「캔디 캔디(キャンディ・キャンディ)」, 「꽃보다 남자(花より男子)」)일 것이다. 청년만화도 인기가 높다(「심야식당(深夜食堂)」, 「신의 물방울(神の雫)」).

그러나 디지털 게임과 SNS가 등장하면서 만화를 읽지

않는 어린이가 늘어나, 해마다 공통의 만화체험을 낳는 작품은 줄어들고 있다. 이런 상황에서 어린이가 자신이 선택하지 않아도 환경으로 "만나버리게 되는" 만화가 있다. 그것이 학습만화이다. 전국학교도서관협의회 1995년도 학교도서관조사에 따르면 소학교 91%, 중학교 97.5%, 고등학교 87.5%가 학교도서관, 도서실에 학습만화를 비치하고 있다고 한다. 어린이가 인생에서 반드시 만나는 만화가 학습만화인 것이다.

다루는 테마는 역사, 전기, 과학 등 폭이 넓고 「도라에몽(ドラえもん)」(후지코 F 후지오, 쇼가쿠칸(小学館))과 「치비마루코쨩(ちびまる子ちゃん)」(사쿠라 모모코, 슈에이샤), 「명탐정 코난(名探偵コナン)」(아오야마 고쇼, 쇼가쿠칸) 등, 인기 만화의 유명캐릭터가 학습을 돕는 것도 많다. 또 최근 한국의 학습만화인 「살아남기」 시리즈의 번역판이 「서바이벌 시리즈(サバイバルシリーズ)」으로서 출판되어, 인기를 모으고 있다.

학교에 가면 만날 수 있기 때문에 학습만화는 많은 어린이들에게 '공통의 만화체험'을 형성하고 있다. 나아가 학습만화는 일본에서 어린이시절을 보낸 사람들에게는 매우 익숙한 것이기 때문에 세대를 넘어선 공통체험도 형성하고 있다.

덧붙여두자면, 학습만화를 이용하는 것은 초등학생에만

머무르지 않는다.

2013년 발표되어 화제를 불렀고 2015년에는 영화화도 된『학년 꼴찌 불량소녀가 1년 만에 편차치를 40 올려서 게이오대학에 현역 합격한 이야기(学年ビリのギャルが1年で偏差値を40上げて慶應大学に現役合格した話)』(한국 개봉명 : 불량소녀, 너를 응원해!, 쓰보타 노부유키, KADOKAWA), 통칭 '불량소녀'는 평소 품행이 좋지 않은 열등생인 '불량소녀(ギャル)' 여자고등학생이 초등학생 정도의 학력으로 열심히 공부한 끝에 게이오대학에 현역으로 합격할 때까지를 그린 논픽션작품이다. 이 중에서 주인공이 학습만화를 읽으며 학력을 높인다는 에피소드가 있다. 이 사례뿐만이 아니다. 비즈니스서적 등에도 직업에 도움이 되는 지식을 학습만화에서 얻을 것을 추천하는 기사가 들어 있다. 이렇게 많은 사람들이 고등학생과 어른이 '교양을 몸에 익히는 도구로서 학습만화가 도움이 된다는 사실을 재인식하기 시작했다.

이러한 학습만화에 대한 주목을 바탕으로 학습만화의 제작현장에서는 보다 일반적인 교양, 보다 일반적인 독자를 의식하게 되었다. 예를 들어 2016년부터 간행되기 시작한 개정신판『슈에이샤 학습만화 일본의 역사(集英社学習まんが日本の歴史)』시리즈에서는 역사학자가 세밀한 묘사까지 감수하고, 시리즈의 고문으로 유명한 대학입시학원 강사를 초빙

하여 대학입시에 대응할 수 있도록 근대사의 비율을 늘리는 등의 편집이 이루어지고 있다. 이제 학습만화는 인생에서 반드시 만나고, 또한 인생을 함께하는 만화가 되었다고 할 수 있다.

2) 거의 아무것도 알려지지 않은 학습만화라는 장르

학습만화는 일본에서 널리 인지된 장르로 사회적 영향력을 가지고 있다는 점을 확인했다. 그렇다면 어떤 만화를 학습만화라고 부르고 학교 도서관에 소장하고 있는 것인가? 학습만화를 '무엇인가 배움을 얻을 수 있는 만화'라고 생각하면 매우 범위가 넓어진다. 모든 만화는 학습만화라고 할 수도 있다. 실제로 2015년에 시작한 '이것도 학습만화다' 프로젝트에서는 '새로운 〈세계〉를 발견할 수 있는 만화와 배움에 연결되는 만화를 선출, 발표하여 작품을 국내외 독자에게 알리'[1] 는 것을 목적으로 겐지모노가타리(源氏物語)를 만화화한 〈겐지이야기(あさきゆめみし)〉(야마토 와키, 코단샤)와 인체의 구조를 그려낸 〈일하는 세포(はたらく細胞)〉(시미즈 아카네, 코단샤) 등, 다수의 만화가 다루어지고 있다.

---

1) 〈이것도 학습만화다!(これも学習マンガだ!)〉 프로젝트 홈페이지에서(http://gakushumanga.jp/).

그러나 현실적으로 학교도서관이 선정하는 대부분의 학습만화는 아동서적으로서 각출판사에서 발매하고 있는 학습만화시리즈이다. 일본에서 발행된 서적은 코드가 배당되어 분류되고 있는데, 이들 시리즈는 만화, 잡지분류가 아니라 일반서적 또는 아동서적으로서 분류되고 있는 것이다. 이렇게 학습만화는 유통 구분을 바탕으로 각각의 출판사가 학습목적으로 제작하고 있는 서적으로 정의할 수 있다.

또 학습만화라는 표기에서 학습만화(学習漫画)는 슈에이사의, 학습만화(学習まんが)는 쇼가쿠칸의 상표이다.[2] 그렇기 때문에 가켄(学研)출판은 '가켄만화(学研まんが)', 카도카와쇼텐(角川書店)은 '만화학습(まんが学習)' 등 유사한 이름으로 학습만화시리즈를 간행하고 있다.

제작자 측에서 본다면 통상적인 만화와 학습만화 시리즈는 다른 편집부, 편집방법, 제작기간을 거쳐 다른 출판코드를 배당하여 발행하고 있는 것이다.

이렇게 일반 만화와는 다른 미디어로서 학습만화 시리즈가 확립된 것은 전후 이후이다. 그러나 학습만화를 위한 표현 자체는 전쟁 전에 나타난 '과학만화'와 '공부만화'로 불리

---

2) 슈에이샤는 1926년 쇼가쿠칸의 창설가에 의해 오락잡지부문으로서 설립되었다. 그 후 조직개혁에 따라 독립된 조직이 되었지만, 협력관계이다.

는 어린이용 만화에서 싹을 틔웠다.

학습만화는 이렇게 긴 역사를 가지고 있지만 연구는 거의 되어 있지 않은 것이 현 상태이다. 다만 교육학과 교육심리학 분야에서는 학습만화에 관한 연구가 없지는 않다. 학습만화가 교재로서 적절한지 그 내용을 검토하는 것,3) 또는 교육내용을 이해시키기 위해서 만화를 이용하는 것의 유효성을 묻는 연구가 많다.4) 만화의 교육효과가 실험과 조사, 수

---

3) 小林利久, 「「学習まんが」の出版状況と学習での利用-歴史まんがを中心に」学校図書館, 全国学校図書館協議会, 468巻, 1989, pp.29-32. 戸川点, 「学習マンガ日本の歴史を読む」歴史評論, 校倉書房, 530巻, 1994, pp.60-66. Murakami Satsuki, Bryce Mio, Manga as an Educational Medium, *International Journal of the Humanities*, 2010, Vol.7 Issue 10, p.47. 小川エリナ, 「教育マンガ教科書英語教材としての良い点と悪い点」現代社会研究, 東洋大学現代社会総合研究所, 14号, 2016, pp.5-10など.

4) 예를 들어 水沢良光, 「学習まんがの利用活発-長野市立古牧小学校」, 『学校図書館』全国学校図書館協議会, 468号, 1989, pp.33-35. 佐藤公代, 「学習漫画理解に及ぼす「漫画表現」の役割 説明文章との比較において」, 『愛媛大学教育学部紀要』, 愛媛大学, 第I部教育科学 vol.43(2), 1997, pp.85-95. 河合秀将, 「マンガを活用した社会科歴史学習の研究」, 『探究』愛知教育大学社会科教育学会, 22号, 2011, pp.54-60. 安藤勝昭, 「中学校の授業 歴史 学習マンガを活用してフランス革命を学ぶ」, 『歴史地理教育』, 歴史教育者協議会, 579号, 1998, pp.50-53. 向後智子・向後千春, 「マンガによる表現が学習内容の理解と保持に及ぼす効果」, 『日本教育工学雑誌』, 日本教育工学会論文誌, 22(2), 1998, pp.87-94. 尾濱邦子, 阿部敬信, 宮崎栞恋, 「学習内容の理解に及ぼす学習マンガの効果 小学校第5学年の説明文を題材として」, 別府大学

업실천에서 관찰을 통해 검증되어온 것이다. 만화라는 표현 방법이 교육실천을 돕는가 아닌가를 묻는 것이 주요한 관심이다.

그러나 만화에 의한 교육적 효과를 측정하는 일련의 연구에는 미디어연구의 효과연구에 대한 비판을 그대로 적용할 수 있다. 오디언스(audience, 수용자)의 의미구축 과정과 실천이 무시되어 있고, 미디어가 무색투명한 것으로서 간과되고 있다는 비판이다.

또 이들 연구는 실천적인 학습효과에 관심을 두고 있기 때문에 기존의 만화를 '실험'의 재료로서 자의적으로 선택하여 학습만화는 애매하게 정의되어 있는 경우가 적지 않다. 나아가 학습만화로서 발매되고 있는 아동서 뿐만 아니라 학습에 이용 가능한 만화(역사를 소재로 한 만화 등)을 대상으로 삼는 경우도 있다. 이렇게 연구대상이 명확하지 않기 때문에 학습만화라는 미디어의 특성도 추출할 수 없다. 빨리 이해하는 것, 깊이 이해하는 것, 흥미를 넓히는 것 등 다양한 '효과'를 불러오는 것으로서 만화와 학습만화가 혼재한 채 다루어지고 있는 것이다.

지금까지의 논의에 입각하자면, 선행연구에서는 학습만

短期大学部紀要, 別府大学短期大学, 36号, 2017, pp.21-29など.

화를 다른 만화와 구분하는 표현상의 특징이 있는 것인가, 또 있다고 한다면 그것은 무엇인가가 충분히 논의되지 않았던 사실을 알 수 있다. 이 책이 목표로 삼는 것은 바로 이 부분이다.

3) 이 책의 목적

이 책의 목적은 만화라는 미디어 고유의 표현법을 바탕으로 학습만화의 특징이라고 할 수 있는 표현법을 밝히는 것이다.

학습만화라는 점이 왜 중요한가? 일본에서 생활하는 사람들에게 공통체험을 형성할 정도로 강한 영향력을 가지면서도 그 표현의 특징이 거의 밝혀지지 않은 만화, 그것이 학습만화라는 점은 앞에서 서술한 바 있다. 이에 덧붙여 활자가 아닌 미디어, 특히 시각 미디어에 의한 서술의 특징을 밝힐 필요성이 높아지고 있는 것은 앞에서 논했다. 더 말하자면 그 중에서도 학습만화의 표현법을 아는 것이야말로 현재 필요하다고 생각하기 때문이다.

학습만화는 만화 중에서도 특히 역사와 과학기술 등, 검증을 필요로 하고 논의의 대상이 될 수 있을 '사실'을 기술, 설명하는 장르이다. 학습내용의 기술에서 픽션과 오류는 가능한 한 피해야 한다.

그럼에도 불구하고, 라고 말해야 하겠지만 학습만화가 다루는 내용은 '사실'이라고 해도 그것을 기술, 설명하는 방법은 다른 만화가 가공의 이야기를 말하는 그 방식과 거의 같다. 다큐멘터리 영상이 영상미디어의 특성으로 인해 '사실'을 그대로 걸러내는 것이 불가능한 것처럼 학습만화가 다루는 '사실'도 만화라는 미디어의 특성에 좌우된다. 등장인물의 도상과 시간의 계속을 공간상에 표시하는 기술인 컷의 연속을 구사하는 것 밖에 표현수단이 없다.

더구나 이 표현방법은 오락을 위해 사용되는 경우가 압도적으로 많기 때문에 오락작품의 질을 높이기 위한 기법으로서 다듬어져 왔다. 학습만화가 '사실'을 그리기 위해서 사용할 수 있는 표현은 오락을 위해 축적된 표현법 중에서 '사실'을 그리는데 적합한 것을 골라내는 것 외에는 방법이 없다.

그렇다면 그 표현방법이란 어떠한 것일까? 이 질문의 범위는 학습만화의 체계를 밝히는 일에 그치지 않는다. 학습만화가 역사와 과학적 '사실'을 오락을 위한 표현법을 사용하여 기술, 설명한다고 한다면, 또한 어린이들이 이것을 사용하여 교양을 얻는다고 한다면 그것은 일본인의 역사관과 교양이 오락성과 한없이 가까운 곳에서 형성된다는 것을 의미한다. 학습만화에 특징적인 표현에 주목하는 이 책의 논의는 그 앞에 일본에서 교양과 오락이 어떻게 분절, 접합되어 있는가라는 사상사적 문제와 접속 가능한 것이다.

그러나 안타깝게도 이번에 이 책이 다루는 것은 이러한 문제의 아주 작은 일부분이다. 또 현재의 학습만화 표현을 다루는 것이 아니라 그 원류를 따라간다. 이를 통해 픽션 이야기를 보여주는 표현이 압도적인 우세를 차지한 현재의 만화 표현에서 잘 보이지 않게 된 것을 집어보고 싶다.

이 책이 다루는 것은 학습을 목적으로 한 만화가 등장한 1930년대 전후에서 제2차 세계대전후에 걸친 시대이다. 이 시기, 픽션 이야기를 그리려고 하는 만화표현[5]과 학습해야 할 '사실'을 설명하려고 하는 만화표현이 어떠한 사상, 교육관에 바탕하여 탄생했는가를 더듬어 찾는다. 결론을 미리 말하자면 이를 통해 어린이의 배움과 기술의 과학적 정확성을 목표로 한 학습만화가 이야기를 그리는 만화와는 다른 방법으로 인간과 '세계'의 관계성을 그리는 '만화적인 표현'을 모색하고 있었던 사실을 지적하고, 학습만화에 특징적인 표현의 원류에 어떠한 가능성이 숨겨져 있었는가를 밝힌다.

또 이 책은 분석을 위한 보조틀로서 '인간과 〈세계〉의

---

5) 여기에서 말하는 픽션 이야기를 그리는 만화로서 상정하는 것은 스토리만화로 불리는 '아동용' 만화, 전후에는 아동~소년만화이다.

관계'라는 시점을 사용한다. 이것은 '엔터테인먼트는 인간과 세계라는 이대 요소에 의해 성립해왔다'라는 인류학자이자 만화가인 쓰루 다이사쿠의 만화론에 바탕한 아이디어이다(都留泰作, 2015). 인간과 '세계'의 관계를 개별 인간의 시점에 바탕해서 그려가는가, 또는 인간이 이해하는 범주를 벗어난 '세계(시스템, 사회적 사실로 바꿔말할 수 있을 것이다)' 속에 하나의 장기말로서 인간을 규정하는가라는 말하는 방식의 차이를 보여주기 위해 이것을 사용한다. 학습만화가 사회적인 현실과 '사실'을 묘사하기 위해서는 여기에서 말하는 '세계'를 그리는 기술의 세련화가 필요하게 될 것이다.

인간과 '세계'. 이렇게 논의를 전개하는 것은 필자만의 독창적인 방식은 아니다. 예를 들면 만화연구자이자 만화원작자이기도 한 오쓰카 에이지(大塚英志)는 이것을 '작은 이야기'=개인의 경험에 바탕한 이야기와 '거대한 이야기'=역사로 나누고 있다. 그러나 작은 이야기/거대한 이야기라는 구분은 리오타르(Lyotard)에 따른 용어와 혼란을 일으킬 가능성이 있기 때문에 인간과 '세계'라는 용어를 사용하는 것으로 한다.

3. 만화표현법의 생성과 전쟁

이 장에서는 1930년대에서 종전에 걸쳐 픽션 이야기를 그리기 위한 만화표현법이 성립해가는 과정에 대해 선행하는 만화표현론의 논의를 인용하면서 개관한다. 이 시기의 만화표현은 어떠한 사상, 교육관, 과학관 안에서 태어나 어떠한 특징을 갖춘 것으로서 형성되었는가? 여기서 중요한 키워드로서 제2차 세계대전 전부터 전쟁중 시기에 걸쳐 중요시된 과학계몽교육, 리얼리즘의 중시라는 역사적 배경이 있다.

1) 일본 만화표현의 특징과 데즈카 오사무(手塚治虫) 신화

일본만화의 특징으로는 공감, 감정이입할 수 있는 매력적인 캐릭터와 리얼리티가 있는 이야기의 진행방식. 영화를 보는 것 같은 칸의 흐름을 드는 경우가 적지 않다. 또 이 특징이 언제 성립했는가라는 질문에 대해서는 일본에서 '만화의 신'으로 불리는 데즈카 오사무(手塚治虫)[6]가 전후만화문화 속에서 엮어낸 것이라는 대답이 나온다. 그러나 이것은 시중에 유포된 데즈카 기원설에 지나지 않는다.[7]

---

6) 데즈카 오사무(1928-1989)는 제 2차세계대전중에 사춘기 소년이었다.

「도라에몽」과 「괴물군(怪物くん)」 등 작품으로 알려진 후지코 후지오(藤子不二雄)[8]는 자전적 만화이기도 한 『만화의 길(まんが道)』(후지코 후지오, 이쿠에이슛판(育英出版), 1947) 서두에 그려진 드라이브 장면이 영화를 보는 것 같았다고 당시의 충격을 말하고 있다(《그림 1》).

〈그림 1〉 『신보물섬(新宝島)』 서두 장면, 사카이 시치마(酒井七馬), 데즈카 오사무, 이쿠에이슛판, 1947년

---

7) 예를 들어 竹内一郎, 『手塚治虫=ストーリーマンガの起源』(講談社, 2006)같은 '데즈카 신화'를 재생산하는 연구는 그 후 만화연구에서 비판받고 있다
8) 이후 후지코 F 후지오(藤子・F・不二雄), 후지코 후지오Ⓐ(藤子不二雄Ⓐ)의 명의로 나누어 활동.

지금 보면 그다지 '영화적'으로는 생각되지 않는 표현일지도 모르지만, 이 『만화의 길』 에피소드는 만화문화에 대한 데즈카의 공헌을 설명할 때 흔히 인용된다. 또 후지코 후지오 이외의 작가들도 '데즈카는 만화에 영화적인 기법을 도입하였고 그 표현의 가능성을 넓혔다'라고 빈번히 회상하고 있다. 데즈카를 숭앙하는 만화가들의 이야기에 바탕하여 데즈카 오사무는 일본만화의 신이자, 수많은 만화표현의 기원이라는 '신화'가 탄생했다.

물론 데즈카가 일본만화문화에 기여한 공헌은 이루 셀 수 없다. 전후 다수 그려진 데즈카의 작품이 신선한 것으로 그 이후의 작가에게 큰 영향을 끼친 것은 틀림없다. 덧붙여 일본의 장편이야기만화를 스토리만화라고 부를 때가 있는데 이 용어를 만든 것도 데즈카 오사무이다. 그러나 이러한 '신화'가 형성되었기 때문에 제2차 세계대전 전의 만화표현과 전후(戰後) 만화표현의 연속성이 소실된 것도 사실이다.

최근 만화사, 만화표현연구에서는 전쟁 전과 전후의 단절을 극복하기 위해서 데즈카 신화를 해체하고 모두 데즈카에게 환원시켰던 일본만화표현의 근원을 전쟁 전과 전쟁중 시기 만화에서 재추적하는 시도가 시작되었다. 이 연구들은 일본의 만화문화를 전후 민주주의적 풍토 안에서 등장한 리버럴한 독창적 표현이라기보다는, 전체주의와 식민지주의적인 사상과 구미문화와의 혼종성 안에서 탄생한 것으로 바라본다.

그렇다면 일본만화의 특징으로서 빈번하게 다루어지는 캐릭터와 영화적인 칸의 흐름이라는 특징이 어떻게 전쟁 전, 전시 사회 속에서 형성되어 왔는지를 확인한다.

2) '전쟁'경험을 통해 기호적 신체에 상처 입는 몸과 마음이 탄생했다

오쓰카 에이지는 일본만화 캐릭터의 특징으로서 ①기호의 조합으로 그린다는 기호성, ②죽거나 성장하는 신체를 가진다는 신체성, ③고민할 수 있는 내면성을 들고 있다(大塚, 2017).

손이 심심할 때 많은 사람들이 주변의 메모지에 동그라미를 그리고 선을 이어서 귀와 입, 손발 비슷한 것을 붙인 막대인간(棒人間)을 그려본 적이 있을 것이다. 막대인간은 입을 헤(ヘ)자로 하거나 굽히거나 해서 표정을 갖는다(〈그림 2〉).

〈그림 2〉 데즈카 오사무의 『만화창작법(マンガの描き方)』에 수록된 캐릭터 얼굴을 그리는 법. 코분샤(光文社), 1977년

    이렇게 만화 캐릭터는 단순한 기호의 조합으로 표현된다. 그렇기 때문에 '개'라는 문자를 누가 써도 대충 비슷한 형태로 쓰고 비슷한 개념을 의미할 수 있는 것처럼 만화 캐릭터도 같은 형상의 기호를 사용하면 누가 그려도 괜찮다. 데즈카 오사무는 만화의 기호성에 착목하여 만화는 회화 등 보다 문자에 가까운 것으로서 〈만화기호론〉이라는 용어를 사용했다.

캐릭터의 기호성이라는 특징은 내셔널리스틱한 단일문화신화 속에서는 「조수인물희화(鳥獸人物戯画)」[9]에 원류가 있다고 간주되었다. 그러나 최근에는 1930년 전후에 미국산의 토키 애니메이션이 인기를 끌고 미키마우스 같은 동그라미의 조합으로 구성된 캐릭터묘사법이 확산된 것에 직접적인 기원이 있다고 간주된다(大塚, 2017 외).

디즈니가 끼친 영향은 캐릭터의 기호성뿐만이 아닐지도 모른다. 애니메이션연구자인 사노 아키코(佐野明子)에 따르면 평론가와 교육자 등 이 당시의 지식층이 애니메이션에 관심을 기울여서 그 '리얼리즘'을 평가한 것, 또 관객들은 디즈니 캐릭터에 슬픔과 기쁨이라는 '내면'을 발견하고 있던 사실이 지적되어 있다(佐野, 2006).

그러나 현재 만화캐릭터에 비하면 디즈니 애니메이션의 캐릭터를 모방해서 그려지게 된 캐릭터에는 결여된 것이 있었다. 그것이 '신체성'이다. 당시 캐릭터는 신체성을 갖지 않았기 때문에 벼랑에서 떨어져도 피를 흘리지 않는다. 일단 납작해졌다고 해도 이윽고 원래대로 모습에 돌아가고 이야기는 계속된다. 납작해진 후에 원래로 돌아간 캐릭터에 '인간다

---

[9] 12세기~13세기중반 헤이안(平安)시대 후기에 제작되었다고 간주되는 에마키모노(絵巻物, 두루마리 그림 이야기)로 국보로 지정되어 있다.

움'이란 리얼리티는 없다. 일본의 만화표현은 캐릭터를 기호적으로 그릴 뿐만 아니라 피를 흘리거나 죽거나 하는 신체성을 가지고 고민하고 성장하는 내면을 부여했다는 점에서 당시 디즈니 애니메이션의 캐릭터를 넘어서게 된다.

오쓰카 에이지는 만화캐릭터가 신체성을 갖추게 된 계기로서 '전쟁'이라는 시대배경이 컸다고 본다. 이하 오쓰카의 「노라쿠로(のらくろ)」를 둘러싼 논의를 따라가면서 캐릭터가 신체성을 획득하는 과정을 보도록 하자(大塚, 2017).

다가와 스이호(田河水泡, 1899-1989)의 만화 「노라쿠로」는 1931년부터 다이니혼유벤코단샤(大日本雄辯會講談社, 현 코단샤)의 잡지 『쇼넨쿠라부(少年俱樂部)』에 연재되었다(《그림 3》).

〈그림 3〉 다가와 스이호, 「노라쿠로 이등병(のらくろ二等兵)」, 『쇼넨쿠라부』, 1931년 1월호, 다이니혼유벤코단샤

전시 중에 아동서적 통제(1938년)가 시작되어 1941년에 집필정지 처분을 받을 때까지 어린이들에게 큰 인기를 누렸고 당시의 아동문화에 큰 영향을 끼쳤다.

이야기는 노라(ノラ, 떠돌이 개, 고아)의 검은 개인 〈노라쿠로(노라이누 쿠로키치, 野良犬黒吉)〉가 맹견연대라는 개의 군대에 입대하여 공훈을 세우면서 출세하는 것이다. 부대의 모델은 제국육군이었다. 노라쿠로는 처음에는 낙오자 이등병이었지만 서서히 계급이 올라가고 최종적으로는 대위까지 승진한다. 즉 「노라쿠로」는 군대가 무대였기 때문에 주인공인 개는 '성장'해야만 했다. 그리고 '성장'을 그리기 위해서 고뇌와 곤란, 그 극복 과정을 그릴 필요가 있었다. 필연적으로 고뇌하고 곤란에 맞서는 캐릭터에게는 마음, 즉 내면이 있다고 상정된다.

당초 이 작품에서는 기본적으로 목을 잘라도 날아갈 뿐 피도 나오지 않는 디즈니적, 기호적인 신체가 그려져 있었다. 그러나 현실 세계에서 중일전쟁(1937-1941)이 시작하자 만화 속 전쟁도 리얼리티를 띠게 된다. 돼지(중국인), 다른 종의 개(조선반도인), 양(만주인), 산양(몽골인)이 등장하여 싸우는, 말 그대로 중일전쟁을 떠올리게 하는 전개였다. 전쟁국면의 변화를 그리기 위해서는 병사가 부상할 필요도 생기게 된다. 최종적으로 병사였던 주인공 노라쿠로는 부상을 입고 군대를 떠나게 된다.

이때 노라쿠로라는 캐릭터에게 작가는 상처 입을 가능성이 있는 신체를 부여했다. 이 신체성이라는 특징은 전쟁 중이라는 시대, 어린이들도 죽음을 리얼리티를 가지고 느낄 수 있었던 시대에 전쟁이라는 현실을 그리려는 과정에서 발생한 것이다. '전쟁'이라는 시대배경으로 인해 기호적인 캐릭터에 성장과 죽음에 이르는 신체가 필요해졌다. 그런데 '전쟁'이라는 시대배경은 일본만화의 또 다른 특징으로 간주되는 영화적 기법이 성립하는데도 큰 영향을 끼쳤다.

3) 영화적 기법은 과학적 계몽의 필요성에서 탄생했다

그렇다면 일본만화에서 또 다른 특징으로 간주되는 영화 같은 컷(칸)의 흐름은 어떻게 성립한 것일까?

우선 만화연구자인 이토 코우(伊藤剛)에 의한 정리에 바탕하여 여기에서 사용하는 용어에 대해 확인해 두겠다. 한국의 만화기법서는 만화표현에서 '컷'의 역할을 '연출'의 문제로 간주하는 경우가 많다. 그러나 '연출'에는 만화표현을 성립시키는 중요한 기법이 다수 포함되어 있기 때문에 일본의 만화표현론에서는 세분된 용어를 사용하여 '연출'을 분절화한다. 이를 위해 사용하는 것이 '컷'에 관련된 용어이다.

만화표현에서는 만화단행본을 열었을 때 나타나는 '지면'에 테두리로 둘러싸인 다양한 형태의 사각형이 배치된다. 이 사각형을 '컷'이라고 부른다.

이토 코우의 분류에 따르면 이 컷이 '지면'에 배치되는 것을 '컷구성'이라고 부른다. 또 '지면'에 배치된 컷과 컷의 관계를 '컷전개'라고 한다. 원래 비연속적인 컷을 나열하는 것만으로 마치 연속하여 시간이 흘러가고 있는 것처럼 보여주기 위한 '컷전개'는 컷 속에 무엇이 그려져 있는가(캐릭터는 어느 쪽을 향하고 있는가, 대사는 어느 위치에 있는가)와 밀접하게 관계된다. 이 '컷전개'의 매끄러움이야말로 만화를 만화로서 성립시키는 핵심이 된다(伊藤, 2005).

일본만화의 특징으로 간주되어 이야기의 리얼리티를 담보하는 영화와 같은 컷의 흐름, 즉 컷전개는 '영화적 기법'으로 불린다. 그렇다면 이것은 어디에서 기원했을까?

아동문학연구자인 다케우치 오사무(竹内オサム)는 데즈카 오사무의 『신보물섬』에서 기원했다고 본다. 이 작품에서 그때까지 아동만화에서는 사용되지 않았던 영화적인 컷전개를 볼 수 있다는 것이다. 또 다케우치는 '동일화기법'이라고 이름붙인 몽타쥬 방법이 데즈카의 영화적인 표현의 핵심에 있다고 생각했다(竹内, 1992).

'동일화기법'이란 독자와 작품 속 인물의 시야를 일치시키는 방법이다. 연속한 두 개 컷의 한쪽에 캐릭터의 '시선'이 그려지고, 다른 한 쪽에 그 '시선'이 본 것이 그려진다는 연속성을 요건으로 한다(伊藤, 2005). 〈그림 6〉을 보자. 놀라는 여성이 있는 컷 옆에, 벌거벗은 아이들이 그려지는 컷이 병렬되어 있다. 이것은 여성의 시선 끝에 벌거벗은 아이들이 있다는 사실을 의미한다. 독자는 컷과 컷 사이에 있는 관계성을 보완하여 이 관계를 순간적으로 이해한다. 이것이 다케우치가 말하는 '동일화기법'이다(〈그림 4〉). 또 다케우치는 '동일화기법'을 '전후적인 기법'이라고 규정한다(竹内, 1992).

〈그림 4〉 다케우치 오사무, 『만화표현학입문(漫画表現学入門)』, 치쿠마쇼보(筑摩書房), 2006

이에 대해 만화연구자인 미야모토 히로히토(宮本大人)는 전쟁 중에 출판된 만화(〈그림 5〉)인 『기차여행(汽車旅)』(오시로 노보루(大城のぼる), 후타바쇼보(双葉書房), 1941), 그리고 더 그 이전 만화에서도 다케우치가 말하는 '동일화기법'의 맹아를 볼 수 있다고 지적했다(宮本, 1998). 확실히 〈그림 7〉을 보면 첫째 컷의 인물 시선 끝에 있는 것, 시계가 다음 컷에 그려져 있다.

〈그림 5〉 오시로 노보루, 『기차여행(汽車旅行)』, 후타바쇼보, 1941

이러한 연구가 축적되어 현재에는 영화적 기법도 역시 전쟁 중 사회에서 탄생했다고 간주된다. 그것은 아동용만화의 공상적인 측면이 비판받아 아동용 도서가 통제되는 상황에서 어떤 표현이 가능할지 모색하면서 탄생했다(大塚, 2017). 이 점을 좀 더 상세하게 보도록 하자.

1930년대 아동용 만화의 인기가 높아지는 상황에서 교육적인 관점에서 만화가 논의되기 시작했다. 당초에는 만화를 근본부터 부정하는 논의는 지배적이 아니었고 오히려 생활기록운동(生活綴方運動)과 향토교육운동이 모색되어 그 이용가치와 폐해 사이의 균형이 논의되고 있었다(宮本, 2003). 그러나 점차 교육적 만화론 안에서 '웃음'의 부정과 아동심리학을 근거로 한 이야기에 만화의 가치를 발견하는 논의가 힘을 얻기 시작했다. 최종적으로는 '아동도서개선에 관한 지시요강(児童読物改善ニ関スル指示要綱)'을 교육과학연구회의 회원을 포함한 지식인이 참가한 가운데 정리하여, 내무성 경보국도서과(内務省警保局図書課)가 출판사에 통지하였다. 아카혼(赤本)만화로 불리는 오락중심 만화는 가장 먼저 규제대상이 되었다. 이 규제는 군국주의를 예찬하고 있으면 괜찮다는 단순한 것이 아니었다. 군인을 주인공으로 하는 「노라쿠로」 조차도 어린이에게 적절하지 않은 요소를 포함한 것으로서 규제대상이 되었다.

오쓰카 에이지는 지시요강의 내용을 근거로 당시 아동만화에 권장된 것은 과학계몽이었다고 지적한다. 당시 전쟁은 과학전이라고 인식되어 있었고, 어린이에게 과학지식을 부여하는 것이 만화에서도 요구되었다고 한다(大塚, 2013). 미야모토 히로히토도 지시요강으로 인해 시대극과 전쟁물이 격감하고 생활유머물과 과학만화가 증가한 사실을 지적하고 있다(宮本, 2017).

오쓰카는 또 과학계몽을 목표로 공상이 제한되고 만화에 보다 리얼한 표현이 요구되었기 때문에 영화적 기법이 만들어졌다고도 지적하고 있다. 리얼한 묘사를 넣으면 넣을수록 한 컷은 영화의 한 컷처럼 된다. 그렇기 때문에 컷을 연결하는 이론으로서 단편을 조합하여 하나의 장면을 구성하는 영화 몽타쥬의 사고방식이 도입된 것이었다(大塚, 2017).

앞에서 다룬 〈기차여행〉은 아동용도서의 규제가 시작되는 와중에 출판이 허가된 만화이다. 그 표현에는 실사적인 철도와 풍경의 묘사가 도입되어 마치 영화처럼 컷이 전개된다.

4) 전후만화표현에서 과학과 공상의 결합

지금까지 살펴본 것처럼 기호적인 캐릭터라는 만화표현상의 특징은 제2차 세계대전 이전에 디즈니 애니메이션을 수용하는 과정에서 탄생했다. 그리고 전쟁 중 만화 작품은 '전쟁'을 표현할 필요성 때문에 성장하고 상처 입는 신체를 필요로 했다. 또 공상을 제한하여 과학적 지식을 계몽하는 작품군이 권장되면서 영화기법인 몽타주가 도입되었다. 전전, 전쟁 중에 태어난, 이들 일본만화 표현방법의 특징은 전후에 데즈카 오사무가 계승한다. 전쟁 중에 소년시대를 보냈고 당시 만화를 읽고 디즈니 애니메이션 영화에 친숙한 데즈카는 그러나 전쟁 중과는 다른 방식으로 만화표현에 디즈니 같은 기호적인 캐릭터와 과학적 묘사, 리얼리즘을 도입하여 이들을 연결한 것이다.

『철완아톰(鉄腕アトム)』을 비롯하여 데즈카는 사이언스 픽션 작품을 다수 그렸다. 그러나 데즈카가 목표한 과학적 리얼리즘은 반드시 사실적인 것을 의미하지 않았다. 그가 생각한 과학적 리얼리즘은 우선 무대와 캐릭터 설정에서 합리적 설명 가능성을 담보하는 것이었고, 또 하나는 기호적 캐릭터에 내면과 신체성을 부여함에 따라 달성되는 근대적인 주체의 묘사였다.

전자부터 설명해 보자. 데즈카는 전후 「과학만화에 대하여(科学漫画について)」라는 에세이에서 예를 들어 「고질라」[10]의 발상은 사실에 입각하지 않은 황당무계한 것이 아니라 과거 공룡이 지구상에 존재했다는 사실과 그것이 아직도 생식하고 있을 수도 있다는 가능성이 제로는 아니라는 점 등을 가지고 '어느 정도 과학적으로 입증되어 있기 때문에 전혀 사실에 입각하지 않았다고는 말할 수 없습니다(手塚, 1955)'라고 서술하고 이러한 설명가능성을 과학적이라고 평했다. 실제로 데즈카는 자신의 작품 『정글대제(ジャングル大帝)』에서 주인공인 사자가 두발로 걷고 인간의 말을 이해하는 것은 언어교육을 받고 예의작법을 몸에 익혔기 때문이라는 에피소드를 끼워 넣고 있고 만화적인 황당무계함을 합리적으로 설명하려는 것에 신경을 쓰고 있었다.

---

[10] 「고질라」는 토호(東宝)가 1954년에 공개한 특촬괴수영화 「고질라」에 등장하는 괴수의 명칭이다. 당시 사회문제로 부각된 비키니환초의 핵실험에 착상을 얻어 핵병기에 의해 태고의 거대생물이 변이를 일으켜 현대에 다시 나타난 것으로 설정되어 있다.

〈그림 6〉 사실성과 만화적 리얼리즘의 차이. 오쓰카 에이지, 『만화로 이해하는 만화의 역사(まんがでわかるまんがの歴史)』, KADOKAWA, 2017 인용

그렇다면 데즈카가 생각했던 또 하나의 리얼리즘, 근대적인 주체의 묘사에 대해서 살펴보자. 〈그림 6〉처럼 오쓰카가 지적한대로(〈그림 6〉) 만화표현을 사용하여 그려지는 캐릭터는 사실적인 묘사에서는 성립하지 않는 경우도 있다. 그럼에도 불구하고 독자가 만화 등장인물에 감정이입하여 리

얼리티와 존재감을 느끼는 것은 왜일까? 이에 대해 이토 코우는 기호적 신체를 가진 캐릭터(이토의 용어로는 '캐러(キャラ)')가 만화에서 리얼리티를 갖는 것은 그것이 인격을 지니고 '죽음'에 이르는 신체성을 갖는 것으로서 이야기 안에서 취급되기 때문이라고 지적하고 있다(伊藤, 2005). 즉 전쟁 중에 맹아가 나타난 '신체성'과 '내면'이라는 특징을 기호적인 캐릭터에게 부여함으로써 근대문학이 '자연주의적 리얼리즘'에 의해 성취하려고 했던 근대적인 주체(=인간)을 그러한 리얼리즘과는 다른 차원에서 그려내는 것을 가능하게 만든 것이다.

현재 시중에서 유포된 담론에서는 일본만화는 과학적인 요소를 갖고 있다, 리얼하게 그려져 있다, 나아가 '문학적이다'라는 평가를 볼 수 있다. 그러나 그것은 전전, 전쟁 중에 길러진 표현방법을 전후가 되어 데즈카 오사무가 과학적 합리성에 바탕하는 것처럼 '보이도록', 리얼하게 '보이도록' 하는 만화표현법을 집약한 결과이다.

그렇다면 이런 표현법을 도입하여 데즈카는 어떠한 이야기를 지향한 것일까? 그것은 '세계'에 맞서는 개인의 이야기와 개인의 외부에 있는 '세계'의 일부에 지나지 않는 인간의 모습이었다.

그 후의 일본만화, 특히 아동용만화와 소년만화의 전개

를 보면 '개인의 이야기'를 그리는 기법은 점점 세련되게 변한 것을 알 수 있다. 캐릭터의 신체는 상처입고 죽음에 이를 뿐만 아니라 섹슈얼리티를 지니고 보다 리얼하게 그 성장과 내면을 묘사할 수 있게 되었다. 또 캐릭터의 내면을 그리기 위해서 주인공의 시점에 다가가, 같이 성장을 경험하는 듯한 빌둥스로만(Bildungsroman, 성장소설)이 다수 탄생했다. 그 극한이라고 말해야 할까? 요즘 '세카이계(セカイ系)'[11]라고 불리는, 캐릭터의 성장과 아이덴티티의 승인이 '세계'의 전부인 것 같은 이야기도 등장했다.

그렇다면 데즈카가 지향한 또 하나의 방향성 '개인의 외부에 있는 〈세계〉의 일부에 지나지 않는 인간'은 어떻게 그려지고, 어떻게 발전해갔는가?

데즈카는 군중씬(mob scene)을 다수 만화에 도입했다(《그림 7》).

---

11) 세카이계란 주인공(다수가 남성)과 히로인(여성)을 중심으로 한 작은 관계성(주로 이성애관계)의 문제가 구체적인 중간항을 끼워 넣는 일 없이 '세계의 위기'와 '이 세계의 종말'이라는 추상적인 대문제로 직결하는 작품군을 말한다.

〈그림 7〉 데즈카 오사무, 『죄와 벌(罪と罰)』, 도코도(東光堂), 1953

 군중씬은 전전, 전쟁 중에는 다소 볼 수 있었던 표현으로 데즈카는 이 표현이야말로 '영화적'이라고 간주하고 있었다. 만화연구자인 사이 무히(斉夢韮)는 데즈카의 군중씬을 분석하여 이것이야말로 '세계'와 그 안의 보잘 것 없는 인간을 그리는 만화표현이었다는 점을 지적하고 있다.
 사이에 따르면 데즈카의 군중씬에 그려진 사람들은 각각의 인생을 지닌 존재이다. 그 중의 한 사람인 주인공은 이

'세계'를 살아가는 한 사람에 지나지 않는다는 점이 강조되고 있다는 것이다(斉, 2017).

확실히 다른 작가도 고뇌하는 인간을 넘어선 '세계'를 그리기 위해 군중씬을 사용하고 있다. 예를 들면 이시노모리 쇼타로(石ノ森章太郎)는 어른용 학습만화인『만화 일본의 역사(マンガ日本の歴史)』(츄오코론신샤·츄오코론샤, 1989)를 그리기 위해 데즈카의 군중씬을 떠올리게 하는 롱숏을 다수 사용하여 역사에 희롱당하는 사람들을 표현했다.

그러나 데즈카와 이시노모리가 발전시키고자 시도했던 '〈세계〉의 일부에 지나지 않는 인간'을 그리기 위한 표현법은 충분히 확립되었다고는 말할 수 없는 상태이다. 전전, 전쟁 중의 문맥을 계승하여 전후에 세련화되어 간 스토리만화를 위한 만화표현법은 개인의 성장이야기를 그리는 것에 적합한 것이었지만 타자로서 인간에 대치하는 〈세계〉를 그리는 방법으로서는 충분하지 않았다고 할 수 있다.

그러나 여기에서 이시노모리 쇼타로가 군중씬과 롱숏을 필요로 했던 것은 스토리만화가 아니라『만화 일본의 역사』라는 '학습만화'였다는 점에 주목하고 싶다. 이시노모리 쇼타로가 역사적 '사실'과 개념을 만화로 표현하고자 했을 때, 필요해진 것은 '세계'를 그리는 방법이었다. 뒤집어 말하자면 학습만화가 기술하고자 했던 대상은 예외 없이 작가에게 '세계'를 그려내는 기법을 만들어낼 것을 요청하는 것이라고 할 수 있다.

여기에서 다음에는 전전, 전쟁 중 시기에 그려진 학습만화의 원류, 아동용 〈생활과학만화〉에 주목한다. 학습을 목적으로 하기 때문에 '세계'를 그려낼 것을 요청받은 작가가 어떠한 기법을 낳았는지를 보고자 한다.

4. 아키 레이지(秋玲二)의 〈공부만화(勉強マンガ)〉

전후 학습만화장르의 성립에 앞선 것으로서 전전에서 전쟁 중에 걸쳐 존재한 '과학만화', '공부만화'로 불리는, 아동용 생활과학만화가 있다. 이것은 1930년대 아동용만화가 급증하는 중에 태어났다. 데즈카 오사무는 "과학해설만화, 내가 알고 있는 한에서는 이 형태가 최초로 나타난 것은 공부만화라고 이름 붙여진 것이었다고 생각합니다"라고 말하고 있고 그 공부만화의 시작으로서 요코야마 류이치(横山隆一)가 그림을 그린 시리즈를 들고 있다. 동시에 "이를 전후해서 아키 선생님이 공부만화로서 신문에 발표되었습니다."라고 서술하고 특히 아키가 자신의 지식에 바탕하여 만화를 그리고 있던 점을 높게 평가했다(手塚, 1955). 만화사연구가인 시미즈 카오루(清水勳)도 '학습만화의 조상'으로서 아키 레이지를 들고 있다(清水, 2009). 이 책에서는 전전, 전쟁 중, 전후에 걸쳐 주로 학습을 목적으로 하는 만화를 그려온 작가로서 아키 레이지를 들어 그 만화표현의 특징을 분석한다.[12]

1) 아키 레이지라는 작가

아키 레이지(1910-2006)는 원래 소학교의 교사로 1933년부터 아키 레이지 명의로 만화를 그리기 시작했다. 동시에 유화도 그리기 시작해서 많은 그림을 남기고 있다. 과학을 주된 제재로 한 〈공부만화〉라고 이름붙인 학습만화를 1939년부터 히가시니혼소학생신문(東日本小学生新聞, 현 마이니치소학생신문)에 연재하기 시작했다. 어린이들에게 호평을 얻었던 듯, 1940년대에는 〈공부만화〉의 단행본이 발행되었다. 이 시리즈는 전후에는 『욧쨩의 공부만화(よっちゃんの勉強漫)』시리즈로서 정리되었다(〈그림 8〉).

〈공부만화〉는 2000년대까지 연재된 장수만화이다. 아

---

12) 이 책에서 사용한 아키 레이지의 〈공부만화〉, 〈욧쨩의 공부만화〉, 〈사이언스군의 세계여행〉의 도판은 교토국제만화뮤지엄에 소장중인 단행본에서 가져온 것이다.

키는 전후에도 학습만화를 많이 그렸다. 『사이언스군의 '세계' 여행(サイエンス君の〈世界〉旅行)』(사・에・라숏판, 1963), 슈에이샤에서 발매된 이과학습만화 시리즈(理科学習漫画シリーズ)와 쇼가쿠칸의 학습코믹스 과학시리즈(学習コミックス科学シリーズ) 등이 있다(〈그림 9〉).

전쟁 중에서 전후에 걸쳐서 오래도록 학습 목적의 만화를 그렸고, 현재 각 출판사에서 발행되고 있는 학습만화 시리즈가 간행을 개시한 창성기에 영향을 끼쳤던 작가이다.

〈그림 8〉 전후에 모아진 아키 레이지, 『욧짱의 공부만화(よっちゃんの勉強漫画)』, 제1집, 마이니치신문사, 1952

〈그림 9〉 혼마 토미지(本間 富治, 입안지도), 아키 레이지(만화), 『궁금궁금 이과학습만화 〈빛, 음, 열의 마술사(なぜなぜ理科学習漫画光・音・熱の魔術師)〉』, 슈에이샤, 1971

2) 학습을 목적으로 하는 아동만화의 시작

그러면 아키의 '공부만화'를 언급하기 전에 그에 앞서서 발표된 〈과학만화〉를 소개해 두겠다. 여기서는 당시 제작자들의 '학습만화'에 대한 의욕과 교육현장의 기대를 볼 수 있다.

『과학만화』(츄오코론샤, 1938)은 〈후쿠쨩(フクちゃん)〉13)이라는 캐릭터가 등장하는 만화로 유명한 작가 요코야마 류이치가 작화를 맡아 1938년에 발행되었다(〈그림 10〉). 이 단행본의 권두에는 감수에 관여한 과학자들의 〈과학만화에 대해 부모님들께〉라는 말이 게재되어 있다. 거기에는 만화라고 해도 정확성을 추구하는 과학적인 자세의 필요성이 설명되어 있다.

---

13) 후쿠쨩은 1936년 1월 25일 도쿄아사히신문(東京朝日新聞, 현 아사히신문 도쿄판, 朝日新聞東京版)에 시작한 연재 4컷 만화 〈에돗코켄쨩(江戸っ子健ちゃん)〉의 조연으로 등장하여 어느새 주인공 메인캐릭터가 된 요코야마의 인기 캐릭터이다.

〈그림 10〉 요코야마 류이치, 『과학만화 퐁쨩의 개구쟁이 일기(科学漫画ぽんちゃんの悪戯日記)』, 츄오코론샤, 1938

(생략) 우리들의 기획은 과학적인 것의 사고방식과 과학상의 학설 등을 취재하여 황당무계를 배척하고 구체적, 또한 정확하게 과학자로서의 양심에 부끄럽지 않은 올바른 것을 제공하였고, 이것을 만화계의 제1인자 요코야마 류이치씨가 재미있고 즐겁게 만화화한 것입니다(〈과학만화 퐁쨩의 개구쟁이 일기〉, 츄오코론샤, 1938).

이 만화는 교원과 교육학자, 심리학자 등으로 구성되어 만화의 교육적 의의에 대한 담론 형성에 중요한 역할을 한 교육과학연구회의 잡지 『교육(敎育)』 지상의 〈교육서평〉에도 다루어졌고 어린이들의 반응이 분석되는 등, 그 교육효과가 논의되기도 했다. 이렇게 학습을 목적으로 하는 만화를 기대를 갖고 '부모들'은 맞이했다. 아키 레이지의 〈공부만화〉단행본도 이러한 사회적 분위기 속에서 간행된 것이다.

3) 아키 레이지의 과학학습만화

아키 레이지는 과학교육이 권장되어 만화에도 과학적 정확성이 요구되는 시대에 어린이들이 이해해야할 과학을 어떻게 다루면서 작품을 그린 것일까? 전후, 그가 과학만화에 대해 말한 문장을 살펴보자.

아키는 〈공부만화〉의 본래 목적으로 "평소 눈치 채지 못했거나 간과하고 있었던 우리들 주위에 얼마든지 굴러다니고 있는 과학적인 것에 주목하여 그것에 흥미를 가지고 나아가 발전시켜 공부해 주신다면 그걸로 족합니다(秋, 1955)."라고 말하고 있는데, 가까운 곳에 있는 과학적인 현상을 깨닫게 되기 위해 지적 자극을 부여하는 것에 과학만화의 중요성을 발견하고 있었다.

또 표현에 관해서 그림으로 표현하기 쉬운 지식과 그렇지 않은 지식이 있다는 점에 대해 언급하고 있는데 "화학적인 지식은 그림으로 그리기 어렵기 때문에 처음에는 아예 그림을 그리기 쉬운 물리적 현상만 다루었습니다(秋, 1955)."라고 술회하고 있다. 그러나 그리기 어렵다고 해서 너무나 희화하해서 사실을 왜곡하면 안 된다고도 서술하고 있다. "예를 들면 눈에 보이지 않는 전류를 그릴 때 전류는 전선을 따라 가정에 들어간다고 해서, 동그란 구슬에 손발을 달아 전선 위를 달리게 하는 등(생략)"하는 것을 경계한다. 그것은 "전류는 동그란 것(秋, 1955)"이라는 오해를 부르기 때문이라고 한다.

아키가 상정하고 있던 '배움'의 대상은 일상생활의 과학이었다. 여기에는 전전에 전개되었던 생활기록운동과 향토교육운동에서 논해졌던 것 같은 지역차와 계층차를 극복하기 위해 어린이의 생활세계와 추상적인 학교교육의 내용을 연결해갈 필요가 있다는 사고방식, 그리고 그 수단으로서 만화를 바라보는 시점을 읽어낼 수 있다.

사물의 현상(事象)과 개념을 만화표현으로 구현해가는 과정에서 부딪히는, 그림으로 그리기 어려운 것의 존재를 지적하고 있는 점도 흥미롭다. 특히 체험적인 것으로서 그릴 수 있는 현상은 표현하기 쉽지만, 그 자체가 자율적인 체계를 갖춘 화학처럼 개념을 그림으로 그리는 것은 어렵다고 하고 있다. 그림으로 그리는 것이 어려운 지식, 즉 개인의 체험에서는 만족스럽게 설명할 수 없는 '물체 그 자체의 '세계"를 보여주는 방법을, 아키가 모색하고 있던 모습을 짐작할 수 있다. 말 그대로 학습만화는 '세계'를 표현하는 방법을 작가에게 모색하게 했던 것이다.

또 만화표현을 사용하여 과학적인 현상을 기술할 때에 "지나치게 만화화해서는 안 된다"고 서술하고 있는 점에서 문자만큼 의미와의 연결이 명확하지 않은 만화의 기호성에 주의를 하고 있으며 다른 의미에 접속할 가능성을 피하려고 했던 점을 알 수 있다. 즉 〈공부만화〉에서는 만화의 기호를 잘못된 의미에 접속시키지 않기 위한 표현이 모색되었다.

그렇다면 〈공부만화〉에서 아키는 어떠한 표현을 사용하여 '세계'를 기술했던 것일까?

4) 〈공부만화〉의 패턴

그가 그린 〈공부만화〉는 전개방법과 표현방법에서 대략 아래의 다섯 가지 패턴으로 나눌 수 있다. 이것은 현재의 학습만화에서 지식을 제시하는 방법에도 통하는 점이 있다.

5개의 패턴은 다음과 같다.

① 누군가에게 배운다 : 어떤 지식을 누군가에게 배우는 패턴. 현재의 학습만화에서도 이 패턴을 답습하는 사람이 많다.

② 체험을 통한 이해 : 생활속의 깨달음을 그리는 패턴. 현재에는 〈서바이벌 시리즈〉에서 볼 수 있듯이 다른 세계로 탐험을 통한 체험학습이라는 기법에 응용되고 있다.

③ 사물의 의인화 : 사물의 '세계'를 의인화하여 자율적인 체계를 갖춘 자연과 과학지식 등을 그들이 만들어내는 '세계'로서 그리는 패턴.

④ 사물들의 의인화 : 사물의 '세계'의 다층성을 자율적인 체제를 갖춘 '세계'에 사는 의인화된 것들과 만나는 것으로 그리는 패턴.

⑤ 도해에 의한 제시 : 다양한 종류의 국기, 동물 들을 열거해 일람하게 하는 것으로 현재 시점에서 보자면 도감적인 것과 친화성이 높다.

그러면 구체적인 작품을 보면서 설명해 보자.

▶ 패턴 ① 누군가에게 배운다

우선 지식이 있는 사람에게 과학적 내용을 배운다는 패턴이 보인다. 현재 학습만화 시리즈에서도 흔히 허용되는 표현방법일 것이다. 지식을 가진 인물로서 노인과 전문가, 교사가 등장한다. 이미 어린이들 사이에서 의문이 있어서 답이 주어진다는 구도로 전개된다(〈그림 11〉). 여기에서는 등장인물의 대화가 중요성을 가지기 때문에 독자는 주로 문자가 쓰여진 말풍선의 연속에서 만화를 읽어나가게 된다.

〈그림 11〉「월식(月食)」, 아키 레이지, 『욧짱의 공부만화(よっちゃんの勉強漫画)』, 도쿄니치니치신문사(東京日日新聞社), 오사카마이니치신문사, 1940

▶ 패턴 ② 체험을 통한 이해

다음으로 체험을 통해 생겨난 의문에 대해 체험 속에서 회답을 찾아간다는 패턴이 있다. 여기에는 일상생활 속에서 체험과 깨달음을 다루는 것(〈그림 12〉)과 달의 '세계'에 가는 등, 공상적인 무대가 준비되어 있는 경우가 있다(〈그림 13〉).

〈그림 12〉「파란 사과(青いりんご)」, 아키 레이지, 『욧짱의 공부만화(よっちゃんの勉強漫画)』, 제6집 최신과학편, 마이니치신문사, 1951

〈그림 13〉「달세계여행(月世界旅行)」, 아키 레이지, 『욧짱의 공부만화 (よっちゃんの勉強漫画)』, 제3집 지학편, 마이니치신문사, 1950

패턴 2에서도 패턴 1과 같이 정보와 지식이 있는 사람이 그렇지 않은 사람에게 가르친다는 관계가 포함되어 있다. 그러나 지식을 얻는 필요성이 아이들의 일상생활과 공상적인 무대에서의 체험에서 도출된다는 점에서 다르다. '왜일까', '알고 싶어'라는 동기 그 자체부터 교육하고자 한다. 예를 들어 〈그림 13〉에서는 달의 세계에 감으로써 중력이 없는 점, 공기가 없으면 무엇이 일어나는가라는 의문과 깨달음을 얻고 있다.

여기서 조금 더 덧붙이자면 전쟁 중 아동도서의 통제에 관한 통지 이후 만화에 과학적 계몽이 요구된 사실은 앞에서도 서술했다. 이러한 환경에서 작가들은 공상세계를 무대로 한 이세계체험을 그리기 어려워졌다. 거기서 만들어진 것이 공상적인 체험을 그릴 때에는 마지막에 "꿈이었네"라는 설명을 덧붙인다는 전략이다(大塚, 2017). 아키의 〈공부만화〉에도 달세계여행과 〈그림 14〉의 〈지구와 하늘〉같은 에피소드가 있지만 "꿈이었네"로 끝난다(〈그림 14〉).

또 〈공부만화〉에서는 미신을 계도(경계)하는 에피소드도 많다(〈그림 15〉). 과학적 계몽이라는 사회적 요청의 영향을 여기에서도 읽어낼 수 있다.

이렇게 〈공부만화〉의 표현에 있어서도 어린이가 체험 가능한 세계는 현실의 일상체험이나 꿈속이라고 한정되어 과학계몽이 추구되었던 것처럼 보인다. 그러나 〈공부만화〉에는 다음에 살펴볼 것처럼 매우 공상적이라고 할 수 있는 의인화된 캐릭터가 등장하여 독자적인 세계를 전개하는 것도 있다.

〈그림 14〉「지구와 하늘(地球と空)」, 아키 레이지, 『욧짱의 공부만화(よっちゃんの勉強漫画)』, 도쿄니치니치신문사, 오사카마이니치신문사, 1940

〈그림 15〉「인어(人魚)」, 아키 레이지, 『욧짱의 공부만화(よっちゃんの勉強漫画)』, 도쿄니치니치신문사, 오사카마이니치신문사, 1940

▶ 패턴 ③ 사물의 의인화

아키의 〈공부만화〉에는 사물을 의인화하여 그들이 사는 세계를 그리는 것이 있다. 만화표현으로서는 생물과 사물이 모습은 그대로인 채 인간의 말을 하는 경우와 생물과 무생물, 나아가서는 기호에 사람의 몸이 붙은 것이 있다. 그들은 서로 자신들이 사는 세계의 특질에 대해 대화한다.

애초부터 아키가 이러한 기호적 캐릭터를 사용하는 것은 인간 이외의 자연계에서 사물의 관계성을 그리기 위한 것이다. 그것들은 어떻게 세계를 구성하고 있는 것일까? 그 세계에서 생물과 사물, 개념은 인간이 만든 사회에 닮은 질서가 있어서 개성과 그들 나름의 상호작용이 존재한다. 아키는 이러한 의인화표현을 통해 기호적인 캐릭터를 말 그대로 '기호'로서 이용하여 인간과 다른 사물의 체계와 질서를 설명하고자 했다.

여담이지만 아키가 사용한 의인화 캐릭터에는 생물과 물질에 그대로 인간의 몸이 붙은 것이 있는데 다소 기묘한 표현으로 보인다. 그러나 이러한 표현은 당시의 아동용 도서에서 특이한 것은 아니었다.

〈그림 16〉은 1930년대에 다이니혼유벤카이코단샤(현 코단샤)에서 발행된 그림책으로 일본옛날이야기의 하나인 원숭이와 게의 전쟁을 그린 것이다. 이 옛날이야기에는 게와 밤, 벌, 쥐 등이 등장하지만 그 전체상에 갑옷을 입은 인간의 몸이 직접 접속되어 있는 것을 알 수 있다. 아키가 사용한 표현방법은 당시 어린이문화 속에서 볼 수 있었던 의인화표현을 사용한 것이었다.

〈그림 16〉〈원숭이와 게의 전쟁(猿蟹合戰)〉, 이가와 센가이(井川洗厓, 그림), 마쓰무라 다케오(松村武雄, 글), 다이니혼유벤카이코단샤, 1937

▶ 패턴 ④ 사물들의 의인화

나아가 〈공부만화〉에는 의인화된 생물과 사물들이 대화하거나 또는 그들과 인간의 캐릭터가 교류하거나 하는 패턴을 볼 수 있다(〈그림 17〉). 여기에서는 사물과 개념, 생물의 세계에서도 다층화 된 복수의 관계성이 존재한다는 점이 제시된다. 의인화된 사물들의 세계는 인간의 세계와 대치하는 '자연계'같은 단일한 세계가 아니라 오히려 각각의 생물과 사물이 사회를 이루고 그들이 다층적으로 존재하는 것 같다.

나아가 〈그림 18〉처럼 숫자가 "나이는 겨우 300살입니다. 젊지요?"라고 말하는 것처럼 그들은 인간과는 다른 질서와 룰을 갖춘 사회에 사는 존재라는 점이 제시된다. 의인화된 사물들에서 어린이가 그 세계의 룰을 배운다는, 일종의 '이문화접촉'이 그려지는 것이다.

의인화표현을 사용해서 타자와의 만남을 그린 아키의 〈공부만화〉는 당시 아동만화, 특히 〈과학만화〉에 요구되었던 과학적인 "사실"의 묘사라는 문맥에서는 벗어나 있는 것처럼 보인다. 또 캐릭터는 어디까지나 기호화된 존재로서 상처 입는 신체도, 고뇌하고 성장하는 내면도 가지고 있지 않고, 컷전개도 단순하다.

그러나 아키가 도입한 과학적인 분석대상의 의인화라는 표현법은 묘사의 리얼리티를 추구해 가는 스토리만화의 표현법 이상으로 자연과학적인 사실을 기술하고 그 본질에 다가가는 리얼리티를 가지고 있었다고 할 수 있지 않을까? 이러한, 아키의 의인화 표현이 이룩해낸 '세계'의 묘사라는 점에 대해서 조금 더 구체적으로 살펴본다.

〈그림 17〉「문어의 로켓(タコのロケット)」, 아키 레이지, 『신공부만화 중 동식물·의학편(新勉強漫画 中 動植物·医学編)』, 마이니치신문사, 1957

〈그림 18〉「숫자(数字)」, 아키 레이지, 『욧짱의 공부만화(よっちゃんの勉強漫画)』, 제5집 교통통신편, 마이니치신문사, 1951

5) 의인화표현에 바탕한 '세계'의 묘사

▶ 의인화표현과 인간중심주의

〈공부만화〉에서 볼 수 있는 의인화표현을 검토하기 위해서 아동문학의 연구분야에서 동물의 의인화가 갖는 의미를 논한 연구를 참조해 보자. 의인화표현을 사용함으로써 인간과 자연계 등의 '세계'가 어떻게 관계 맺는가를 논한 것이다.

교육학자인 야노 사토시(矢野智司)는 아동문학연구에서 의인법은 '타자로서의 동물을 데포르메하여 인간화하는 기법'으로서 이해되고 있고, 의인법은 동물이 인간처럼 그려짐으로써 그것이 본래 가진 이질성, 타자성을 잃게 하는 표현으로 어떤 의미에서는 동물과 자연을 인간 중심의 세계에 포섭하고자 하는 것이라고 지적하고 있다(矢野, 2002). 즉 의인법은 인간에게는 통제 불가능한 자연을 지배하고자 하는 욕망을 배경으로 한다는 것이다.

그렇다면 아키가 사용한 의인화표현은 야노가 지적하는 것 같은 인간중심주의의 사상에 바탕한 것이었을까? 그렇다고 한다면 아키의 의인화표현은 자연과 과학의 '세계'를 어린이도 이해가능한 존재로 변환하여 주위에서 파악 가능한 것,

자칫하면 지배 가능한 것으로서 제시하고자 한 것이 된다.

그러나 앞에서도 본 것처럼 아키가 자신의 〈공부만화〉론에 있어서 개념의 안이한 캐릭터화를 경계했던 것을 떠올려보자. 아키는 전류를 손발이 달린 동그라미로 표현하는 것을 비판했다. 과학지식을 아이들이 이해하기 쉬운 것, 인간의 세계에 포섭하기 위해 의인화를 사용하는 것을 경계하고 있었던 것이다.

여기에서 야노가 발견한 의인법에서 또 하나의 해석에 주목하여 아키의 의인화표현이 가지고 있던 또 하나의 가능성에 대해 생각해 보자.

▶ 역의인화를 위한 표현

야노는 의인법에서 인간중심주의의 사상을 발견하지만, 동시에 또 하나의 가능성도 지적하고 있다. 야노는 그것을 '역의인화'로 이름붙이고 통상적인 의인법과 구분한다. 역의인화란 무엇인가?

야노는 미야자와 겐지(宮沢賢治)[14]의 동화에서 볼 수

---

14) 미야자와 겐지(1896-1933)는 농민으로서의 생활에 뿌리내린 창작 활동을 한 이와테(岩手)현 출신의 시인이자 동화작가이다. 〈비에도 지지않고(雨ニモマケズ)〉, 〈은하철도의 밤(銀河鉄道の夜)〉 등의 작품으로 알려져 있다.

있는 의인법에 주목한다. 겐지가 그려내는 '세계'는 인간이 세계의 중심에 놓여져, 대상은 인간에게 이해 가능한 것으로서 배치된 인간중심주의의 '세계'가 아니라고 한다. 오히려 인간은 '세계'의 일부에 불과한 것으로 그려지고 있다.

미야자와 겐지가 그리는 인간은 '세계' 속에 삼켜진 존재로서 그려져 있고 그 관계성은 '탈인간화된 세계관'으로서 제시된다. 겐지는 이것을 표현하기 위해 의인법을 사용하고 있다는 것이다(矢野, 2002).

그 표현의 특징을 "동물뿐만 아니라 광물 같은 무기물조차도 겐지의 '세계'에서는 마치 인간처럼 말을 한다" 또는 "우주와 교감하는 사람의 모습이 종종 그려지고 있다" 그리고 "겐지의 의인법은 인간의 목소리만이 말하는 '세계'를 다종다양한 존재자들의 많은 목소리가 서로 울려 퍼지는 '세계'로 바꿔버리고 있다"고 지적한다(矢野, 2002:82).

여기에 열거된 특징은 아키의 〈공부만화〉에서 본, 생물에 한정되지 않은 다양한 의인화된 사물들의 대화, 사물과 회화하는 인간의 모습을 떠올리게 한다.

그러나 야노는 이렇게도 지적하고 있다. 문장 위에서 의인법을 사용하여 겐지처럼 인간과 '세계'의 관계를 그리는 것은 가능하지만 이것을 그림으로서 표현한다고 한다면 상당히 곤란한 작업이 될 것이라고(矢野, 2002). 야노는 그림 표현의 폭은 한정되어 있기 때문에 그 표현은 통상적인 의인화 표현과 구분되지 않을 것이라고 생각한 것 같다.

그러나 아키는 기호이기도 한 만화표현을 사용해서 컷 전개 속에서 캐릭터의 관계성을 드러냈다. 이를 통해 미야자와 겐지가 문장으로 했던 것처럼 야노가 말하는 역의인화를 성립시키는데 성공한 것은 아니었을까? 배우는 대상이긴 하지만, 지배하여 인간화하는 대상은 아닌 것으로서 인간의 외부에 있는 질서를 만화화하기 위해 아키가 발견한 것, 그것이 의인화캐릭터의 사용이었던 것이다.

6) 〈공부만화〉가 그리는 인간과 '세계'

아키는 〈공부만화〉에서 추상적인 개념과 체계였던 지식을 가능한 한 그 체계와 질서 그대로 설명할 것을 지향했다. 그 배경에는 전쟁 중 아동만화가 과학계몽과 리얼리즘을 요구받고 통제되었다는 시대적 요소가 있다. 또 아키가 정확한 과학적 기술을 지향한 배경에는 전전부터의 교육운동에서 전개된, 어린이의 일상생활과 학교교육을 연결하는 미디어로서 만화를 다루는 논의가 있었다고 생각된다.

이러한 목적과 시대배경 속에서 탄생한 표현은 고뇌하고 성장하는 근대적 주체를 그리는 것보다도 캐릭터의 기호성을 최대한으로 활용하고자 하는 것이었다. 거기에서 아키가 창조해낸, 인간의 외부에 있는 '세계'를 표현하고 과학적 사실을 말하는 방법은 과거 데즈카 오사무와 이시노모리 쇼타로가 군중씬과 롱샷이라는, 한층 더 영화적인 표현방법의 추구에 의해 이룩하려고 했던 것과는 달리, 아이러니컬하게도 '만화적'으로 보이는 '의인화'에 의한 '세계'의 묘사였던 것이다.

5. 나가며

1930년대 전후부터 제2차 세계대전 후에 걸쳐 일상생활과 학교교육을 연결하고자 하는 교육관과 과학계몽을 지향하고 '전쟁'에 의해 죽음이 가깝게 느껴지는 환경 속에서 픽션 이야기를 그리고자 하는 만화표현과 학습해야할 '사실'을 설명하고자 하는 만화표현이 어떻게 형성되어 왔는가를 살펴보았다.

현재 학교도서관에 소장된 학습만화시리즈의 원류에 있는 표현은 근대적 주체로서 개인이 성장해가는 이야기를 어떻게 그리는가가 아니라 '사실'을 기술하는 방법을 모색하고 있었다. 단적으로 그것은 아키 레이지의 〈공부만화〉에서 볼 수 있는 것 같은 캐릭터의 의인화에 바탕한 철저한 기호화라는 표현법이었다.

이것이 가르쳐 주는 것은 만화라는 미디어 고유의 표현에 있어서 '사실'을 기술하기 위해 반드시 사실성과 합리적 설명을 필요로 하는 것은 아니라는 점이다. 역으로 말하자면 만화가 아무리 사실적으로 그려져 있고, 합리적으로 설명이 되어 있어도 그것은 '사실'을 말하는 표현은 아닐 가능성이 있다는 것을 의미한다. 이러한 만화표현의 특징에 입각하자면 예를 들어 다음과 같은 사례에 조우했을 때 논의의 방식을 변화시킬 수 있을 것이다.

인기 있는 장수요리만화에 「맛의 달인(美味しんぼ)」(가리야 테쓰, 하나사키 아키라, 쇼가쿠칸)이라는 작품이 있다. 이 110권에서 시작하는 〈후쿠시마의 진실편〉에서 동일본대진재 후에 후쿠시마 제1원자력 발전소를 방문한 주인공들이 코피를 쏟는 장면이 그려졌다. 이 묘사가 후쿠시마의 위험성을 암시하는 것으로서 '소문피해를 조장한다' 또는 '(방사능물질과 코피의 인과관계는 명확하지 않기 때문에)과학적 근거가 부족하다'라는 비판이 쏟아졌다. 〈맛의 달인〉 이야기는 말 그대로 후쿠시마와 방사능물질을 둘러싼 현실, 또는 과학적 '사실'을 둘러싼 문제로서 논의되었다. 이것이야말로 사람들이 만화라는 미디어 고유의 표현법을 인식, 공유하지 않고 메세지화

된 내용만을 논한 사례라고 말할 수 있다. 이 「맛의 달인」이 명백히 스토리만화의 계보에 위치하는 작품이라는 점을 고려한다면 논의해야할 것은 그 점뿐만이 아닌 것이 분명하다.

이 책의 논의를 거친 지금, 일본에서 지식의 존재방식을 생각할 때 「맛의 달인」의 에피소드를 단순히 '사실'을 그린 것으로서 논하는 것만으로는 충분하지 않다는 사실을 우리는 이미 이해하고 있을 것이다.

---

* 이 책은 2018년 3월 27일 제220회 〈서울대학교 일본연구소 전문가 초청세미나〉로 개최된 저자의 강연 「学習マンガが描く人間と〈世界〉－秋玲二の『勉強 漫画』を手掛かりに」를 토대로 새롭게 작성한 원고를 번역, 출판한 것이다.

참고문헌

秋玲二, 「勉強漫画」, 『漫画研究』 4号, 日本児童漫画研究会, 1955.
伊藤剛, 『テヅカ・イズ・デッド』, NTT出版, 2005.
伊藤遊, 「学習マンガ研究序説-教育・キャラクター・リアリティ」 ジャクリーヌ・ベルント, 山中千恵, 任蕙貞 編, 『国際マンガ研究3 日韓漫画研究』, pp.201-226, 京都精華大学国際マンガ研究センター, 2013.
大塚英志, 『アトムの命題』, 徳間書店, 2003.
大塚英志, 『ミッキーの書式-戦後まんがの戦時下起源』, 角川学芸出版, 2013.
大塚英志, ひらりん, 『まんがでわかるまんがの歴史』, KADOKAWA, 2017.
斉夢韮, 「まんがにおける〈大きな物語〉の復権—『マンガ日本の歴史』を問題にする理由と事例分析」, 大塚英志 編, 『動員のメディアミックス:〈創作する大衆〉の戦時下・戦後』, pp.423-460, 思文閣出版, 2017.
佐野明子, 「1928-45年におけるアニメーションの言説調査および分析」, 単著, 2006.7, 『財団法人徳間記念アニメーション文化財団年報2005-2006別冊』, 財団法人徳間記念アニメーション文化財団, pp.10-100.
清水勲, 『四コマ漫画北斎から萌えまで』, 岩波書店, 2009.
竹内オサム, 『マンガ表現学入門』, 筑摩書房, 2005.
竹内オサム, 『手塚治虫論』, 平凡社, 1992.

都留泰作, 『〈面白さ〉の研究〈世界〉観エンタメはなぜブームを生むのか』, KADOKAWA, 2015.

手塚治虫, 『マンガの描き方』, 光文社, 1977.

手塚治虫, 「科学漫画に就いて」, 『漫画研究』第4号, pp.14-15, 日本児童漫画研究会, 1955.

宮本大人, 「マンガと乗り物-「新宝島」とそれ以前」, 霜月たかなか編, 『誕生!手塚治虫』, pp.95-97, 朝日ソノラマ, 1998.

宮本大人, 「子どもの文化―歴史的アプローチ「問題」化される子供漫画―「児童読物改善ニ関スル指示要綱」以前の漫画論」子どもの文化 35(7), 41-58子どもの文化研究所, 2003.

宮本大人, 「沸騰する「教育的」漫画論―「児童読物改善ニ関スル指示要綱」の通達前後」, 白百合児童文化 (13), pp.33-58, 白百合女子大学児童文化学会, 2004.

宮本大人, 「薄れてゆく輪郭－児童読物統制下における子供向け物語漫画の『絵物語』化について－」, 『白百合女子大学児童文化研究センター研究論文集』(20), pp.1-30, 白百合女子大学児童文化研究センター, 2017.

矢野智司, 『動物絵本をめぐる冒険－動物人間学のレッスン』, 勁草書房, 2002.

『図書館白書3－データに見る今日の学校図書館』, 全国学校図書館協議会編, 全国学校図書館協議会, 1998.

『2017年版出版指標年報』, 全国出版協会出版科学研究所, 2017.

集英社版学習まんが日本の歴史, ホームページ(https://www.shueisha.co.jp/rekishi/making.html).

저 자 | 야마나카 치에(山中千恵)

현재 교토산업대학 현대사회학부 현대사회학과 교수. 오사카대학대학원 인간과학연구과를 수료하고 석사 및 박사학위 취득. 전문은 문화사회학, 미디어연구, 한국지역연구. 근대화와 세계화의 과정에서 만화 등 대중 미디어가 어떻게 담론화되어 갔는가라는 문화정치학을 다룬다. 최근에는 오락문화로서 만화가 '학습' 및 '공공성'과 연결되는 상황에 관심을 가지고 만화를 전시하는 뮤지엄과 과학, 역사학습만화 표현을 분석하고 있다.

주 저작으로는『파퓰러문화뮤지엄-문화의 수집, 공유, 소비(ポピュラー文化ミュージアム-文化の収集・共有・消費)』(미네르바쇼보(ミネルヴァ書房), 2013년 공편저),『만화뮤지엄에 가자(マンガミュージアムへ行こう)』(이와나미쇼텐(岩波書店), 2014년, 공편저), 최근 논문으로는「전기학습만화시리즈의 '학습・교육'관-'유명성'을 단서로 삼아(伝記学習マンガシリーズにおける〈学習・教育〉観-「有名性」を手掛かりとして-)」『만화연구(マンガ研究)』24호, 일본만화학회(日本マンガ学会) 등이 있다.

역자 | 김효진(金孝眞)

현재 서울대학교 일본연구소 조교수. 서울대학교 인류학과에서 학사 및 석사를, 하버드대학교 인류학과에서 박사학위를 받았고, 고려대학교 글로벌일본연구원 HK조교수를 거쳤다. 오타쿠 문화를 중심으로 한 현대 일본사회의 대중문화 및 젠더 정치학, 한일 문화 교류와 세계화 속의 문화민족주의, 인터넷 커뮤니케이션 등을 주로 연구하고 있다.

주요 저서로 『젠더와 일본사회』(공저, 2016), 『여성만화연구(女性マンガ研究)』(공저, 2015) 등이, 주요 논문으로 「요시나가 후미의 「오오쿠(大奥)」: 역사적 상상력과 여성만화의 가능성」(2014), 「서브컬처를 이용한 지역활성화의 가능성과 한계: 〈코미케 in 미토〉의 사례를 중심으로」(2013) 등이 있다.

IJS 서울대학교 일본연구소
Reading Japan 27

학습만화가 그리는 인간과 '세계'
아키 레이지秋玲二의 〈공부만화勉強漫画〉를 사례로

초판인쇄 2018년 8월 21일
초판발행 2018년 8월 30일

기　　획 서울대학교 일본연구소
저　　자 야마나카 치에(山中千惠)
역　　자 김효진
발 행 인 윤석현
책임편집 안지윤
발 행 처 제이앤씨
등　　록 제7-220호
주　　소 서울시 도봉구 우이천로 353 성주빌딩 3F
전　　화 (02)992-3253(대)
전　　송 (02)991-1285
전자우편 jncbook@daum.net
홈페이지 http://www.jncbms.co.kr

ⓒ 서울대학교 일본연구소, 2018. Printed in KOREA.

ISBN 979-11-5917-117-8 03650　　　　　　　　**정가** 8,000원

·저자 및 출판사의 허락 없이 이 책의 일부 또는 전부를 무단복제·전재·발췌할 수 없습니다.
·잘못된 책은 바꿔 드립니다.